낙동강문학 시인선 ⑦

가진 것 없어도

제왕국 시집

홍익출판사

전기(前記)

감성에 목말라 울었던 기억이 있다.
내 고향 갯벌이 파헤쳐지던 날
나는 생명이 깃든 그런 감성으로 언어들의 삶을 풀어보고 싶었다.
하지만 삶은 너무나 고통스러웠다.
그래서 놓았다. 그리하여 그 놓았던 감성을 지천명에 이르러 겨우 붙잡고 이렇게 쪽빛 물결에 두 번째 편지를 띄운다. 설핏 기우는 고향 엉바위 보름달이 그립다.
내 감성의 부피를 키울 수 있도록 도와주신 모든 분께 감사를 드립니다.

고향 통영에서

저자 夜星 제 왕 국

차례

제1부 삶은 강물 같은 것

제2부 가슴

제3부 시골풍경

제4부 삶

제5부 돌에 물을 주면

제1부 삶은 강물 같은 것

삶은 강물 같은 것

철길은 강물처럼 흘러간다
숨은 듯 잊은 사연들을 품고
수북하게 쌓인 고향 생각 접고
삼백예순날
꽃이 스러지고 눈이 내리는
계절은 아랑곳없이
곡선을 이루며 산모롱이를 돌아간다

강은 토막 나고 찢겨진 아픔 다독거리며
흘러가고 누구는 생업 위해 기차에 몸을 싣는다
사는 일이 무엇인가
저 강물처럼 온갖 사연 품고
또는 기차에 고달픈 몸 싣고
아늑한 품으로 돌아오는 것이 아닐까

반갑게 맞아줄 집으로
윤회처럼 돌아오는 것
천릿길 시린 서러움이
발목을 붙잡아도
그곳으로 돌아오는 것이다

아픈 상처
품고 그렇게 우리 인생은
저 강물처럼 흘러가는 것을

도덕산 꽃 잔치

출세는 담쌓고 그저 뒷골목이나 어슬렁거린 어깨가 있었다
언제나 그 드센 힘에
꼬맹이 두서넛 우두머리가 되어 이리 휘적 저리 휘뚝
오리걸음 걷던 그 사내
꿈속에서 번개처럼 내 닫는 힘으로
뭇 사내들 가꾸러 놓고 희희낙락 웃더니
그저께 뜸부기 울음 되어 황산재 솔밭을 다 적시고
도덕산 자락 그 눈부신
봄빛 위에 참꽃 화창하게 꽃불 질러 놓는다
생전에 사상마저 알 길 없었던 혈혈단신
젊은 애들이라도 만나면
어깨 들썩 힘깨나 쓴 자랑 늘어놓고
평생 갈구했던 최고의 자리
적막 비낀 산자락에 맑은 희망만 가슴에 품고
아랫목 개펄 위에 엉금엉금 기는 게의 모습으로
이미 지난 시절에 깃을 치며 날아가는 저 새떼들
팔 벌려 허공 치는 꿈에
세상이 환하게 부신다고
도덕산 꽃 잔치에 산자락이 까무러친다

▣ 도덕산 : 경남 통영시 도산면에 소재한 산. 벽방산 줄기에 속함.

햇살

나무는
그늘 차일치고

산골바람은 햇빛 가리개로
살랑살랑 젓고 있다

물총새 붉은 다리
휘감아 도는 물굽이

산굽이 돌아
수척해진 하얀 포말

종종한
발걸음에 물러나는 햇살 한 줌

멎은 듯
좔좔거리는 시냇물소리

이파리에
애벌레처럼 기고 있다

산책길

늦은 저녁 산책길
매미가 시절을 잊은 듯 노랫가락 뿌리며
가로등에 혹처럼 붙어 어둠을 부르고 있다
거미줄이 불빛을 감싼다
거미는 없고 거미줄에서
어둠에 부서진 매미 날개만
거미줄에 있다

꿈속에서 몸부림쳤던
장딴지가 아니었을까
공연히 두 다리를
허공에 흔들어보는
늦은 저녁 산책길
뭉클한 삶의 화음

뒷간의 봉숭아

퍼런 멍울멍울 연분홍 꽃
시치미 뚝 떼고 앉았다

사심 없는 햇살에 침 맞는 오후 두 시
낯간지러운 땡볕에 고개 숙여
독기 오른 연분홍 웃음

그림책에 고스란히 물들었던
너, 탐스럽게 손 흔들고 있다

고적한 정원 마다한
그 심성, 한국의 어머니를 닮았다

술꾼의 하루

걸쭉하게 한잔한다
길을 간다
자꾸 길이 따라 온다
따라 오던 비릿한 풀냄새가
길을 멈추어 세운다
권한다
또 잣는다

나는 없고 몽롱한 길만 있다
길이 일어선다
비탈길이다
먹물 어둠이 가로 막는다

빈방에는 길만 누워서
비릿한 풀냄새 풍긴다
쉬이 풀리지 않는
오늘의 화두 하나 아듬고

고추

여름 햇볕에 바람에
여무는 고추에
부신 눈이 까무러치는데
하필
고랑 매든 새색시 오줌발에
고추가 벌떡 섰다

오, 이 감미로운 흥분
멀찍이서 태동하는 생명의 빛이여

저녁바다

따가운 햇볕 노을 지는
바다에는 별들의 전쟁이 한창이다
찌려고
도망가듯
꽃비가 는개처럼 내리는 황혼녘

파도가 부서지고
포말 지며 손짓해도
허연 이를 드러낸다
갯바위 어루만지며
드넓은 수평선을 품어버린
그녀의 가슴처럼 폭신한 바다

개벽의 새벽부터
붉디붉은 여명의 열두 폭 치마에 어둠 가리고
창조의 사서에 꼭꼭 찍으며
눈썰미 찡한 아미의 새악시여
동백꽃 환한 웃음처럼 황홀한 느낌
언제나 쪽빛 비녀 꼽은
원초적 적막의 푸른 바다

멀리 수평선에 깃발 날리며
어부는 삶을 챔질한다
부귀영화를 꿈꾸는 사람들이
그 심연에 그물질 한다

생선처럼 펄떡 뛰는 바다
소쿠리에 넘치는 저녁노을

이화

배꽃은 화려하게 자신을 드러내고
활짝 웃고 있는데 이화는 그림자처럼
가슴 한켠 비워두고 바람이어라

가슴속에 시퍼런 인연의 무딘 칼
구부려서 꼽아두고 산중에 홀로 피는
야생화처럼 자신을 숨겨 버렸구나

어디든 살갑게 마음 한편 박아두고
훗날 기억의 언저리에 기쁨으로
만나자꾸나 삭힌 인연으로…

▣ 이화 : 어느 여성의 호

저녁노을

비단 이불 깐 산마루턱
노을은 얼근히 취한 얼굴로
화투장 펼쳐놓고 내일의 점을 보고 있다

불법이 깃발 들고
어스름 한켠을 부채질하며
막무가내가 무단횡단의
귀때기를 금강경 읊는 소리로 후려치는
광경에 호동그레진 삶의 무게

잠시 머물다가 잊히는
작은 사연 한 토막
노을이 아쉬운 눈빛을
수평선에 띄어놓았다 쪽배에
실려 끝없는 향해 중인 어둠과 함께

하루 또는 낙조

하루가 그렇게 빠른 것
낙조에서 알았지
너무나 쉽게 흘러버린 오늘이
곤두박질쳐 가슴이 부풀었지
곱씹는 하루의 무게에 후회를 남기며
북 치는 소년 김종삼 시집을 읽었지
가슴에 소록소록 흰 눈만 쌓였지
흥겨운 소리는 귀를 압류하고
심장의 소리는 경매에 붙였지

말갛게 녹슨 시간
희미하게 묻어오는 미망의 일상을
은혜처럼 깔고 앉았지
흥분을 가슴속에 떨이한 사람들
한 시대의 회상은 고요 속에 빠져들고
습관처럼 넘어가는 저 태양은 하루를
버릇처럼 깨물고 있었지

발이 오글오글한 소문을 꽁무니에 달고
후회는 알뜰 맞게 옷고름 풀어헤치고

과잉 포장된 생의 부피가
하나둘 전멸하는 신호등처럼 깜박이며
어제를 구부린 아가씨 눈웃음에
일몰은 차갑게 탄다

오는 봄에

방울새 모방성 울음이 은은한 들녘
비릿한 풀들의 노곤한 흔들림 속
잠든 늦은 봄날 오후
깨울 수 없는 고요의 부피가
한 자락 일어서고 있다

분질러진 가지에 걸린
늦은 오후 게으른 잠
퉁퉁 불은 라면처럼 툭툭 끊어진다
바람이 깨어나면 나뭇가지는 박장대소하고
그늘처럼 처진 하루의 일상은
몸을 풀어 헹군다

바지랑대에 속삭이듯
펄럭이는 하루가 깨어나고
봄은 나를 압류한다
들녘은 웃고 나는 구부려진
묵은 봄을 들고 있다

감자 이야기

감자밭에 은파가 실금실금 내려와
봉긋한 두둑을 헤집고 있다
과장된 웃음 웃는 감자들
눈가에 스치는 연민

내 고향 황산재에서
보름달 같은 소녀와의
은밀한 속삭임에 우중충 선
소나무들이 의혹의 눈초리를 보낸다

두툼한 손이 날래게 감자를 판다
우듬지 같은 시꺼먼 손가락
갈라진 두둑에 찔러 넣는다
간혹 봉긋 솟은 유두 같은 두둑을 쓰답기도 한다

그리움은 지난 세월 돌이켜서
스스로 감자밭으로 향하게 한다
흰 꽃을 가득 피운 감자들이 수줍음을 포장한다
감자 이파리가 예매된 설움을 풀어놓듯
살랑살랑 흔들고 있다
첫사랑이 왔다고

당나귀만 산다

언제나 댓잎 쏠쏠한 대숲에는
동요 나라에서 온 임금이 산다
바스락거리는 바람 소리에 귀는
잉잉 요령 소리로 커진다
요령은 대숲을 울린다
대숲에는 당나귀가 산다
당나귀는 대숲을 몽땅 먹어치운다
사각거리는 임금의 발자국 소리에
대나무는 황금 의자에 앉아 자신을 돌아본다
하늘로 쭉쭉 뻗는 대나무 다리에
나무꾼이 도끼날을 세운다
먹어치운 대숲에는
한물간 당나귀가 경전 소리를
요령으로 흔들어댄다
댓잎 사각거리는 임금의 나라에
당나귀만 귀를 쫑긋 세우며 산다

할아버지

그가 파랑 같은 역경에 소리칠 때
그의 친구들은 무시했다
잎사귀를 떨이한 나무들
지난 시대 권력처럼 쓸쓸한데
딱정 앉은 그의 몸뚱어리는 세월을 잊었다
그가 그의 가슴에
이웃으로 다스리기까지는 어떤
고행의 발걸음을 걸었을까

높새바람

백지 위에 뚝뚝 떨어져
번지는 먹물빛 삶의 부피

산수 진경 한 폭
엉바위 분질러진 나뭇가지에 걸어두고
구름과 안개 이는 산마루턱에서

휘어잡는 높새바람
손아귀를 용케 벗어나다

애벌레와 햇살

천천히 애벌레처럼
꿈틀거리는 햇살들이
무심코 예매한 이슬에 젖어
이파리에 앉았다

한낮의 땡볕에 허리춤 털다 말고
햇살들이 일제히 부서진다

탱탱하게 당겨진 무지개
애벌레 푸른 옷이 산뜻하다

제2부 가슴

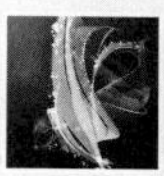

연

삶의 질감이 물레에 돌돌 말리며
온전히 잠글 수 없는 마음 가닥가닥 끊어져
삭인 의식의 먼 끝 원추처럼 돌아눕고
산그늘 찌푸려진 봄날 천수경 읊는 소리
소리 끝을 부여잡고 풍경은 해일처럼 밀려온다

소나무 잔가지에 낮달이 뜨면
연은 여기저기 끼워 넣은 인연 풀고
꿈을 꼬깃꼬깃 접어
귀소 하는 텅 빈 유년의 뜰 안
녹슨 시간이 낮달로 걸린
나뭇가지만 흔들리고 있다

달구지 인생

정금빛 헐렁하게 늘어뜨린
흙탕길 따라 묻어오는 신음
인심을 되새김질하는 구제역에 걸린 소
손바닥 깊은 세월 옹이처럼 앉아
삶의 통곡 경전 소리로 읊어대는데
그늘에 깊어지던 시름마저 압류당하고
언제나 구릿한 삶만 싣고 온다

수척한 촌부의 하루가
뉘엿뉘엿 의혹 속으로 넘어가며
웃섶에 확대 포장된 하루를 싸고돌아와
나잇값보다 비싼 행복을
남루함이 죄인 탁자 위에 풀어놓고
식탁 풍경도 촌스러운지 웃고 있다

사랑-1

깨물고 싶다

아침 햇살에
부서지는 이슬 냄새 바람의 무늬
사과 한 톨

사랑-2

나, 그대 가슴에
압류되고 싶다
내밀한 웃음을 가슴속에 깔아놓고
얕은 생각의 한 마디에
가슴 덴 상처 덮어두고 싶다
돌 속으로 사라지는 빗방울처럼
흔적 없이 스미고 싶다
그 흔적만
푸르스름하게 번지며
그대의 묵묵한 웃음을
환하게 떠올리고 싶다

사랑-3

쉴 새 없이 쏟아지는
빗방울에 젖은 텔레파시

여름에 피울
매미의 간절한 소원이
이 밤이 다 가도록
빠르게 공회전하고 있다

나는 고목에 기댄 채
정말 신 나게 서글픈
음률 가락 하나를
빼어 든다

거울

아뜩한 신비를 풀어내는 캄캄한 터널 속
얕은 듯 깊은 듯 오묘한 실체의 안개 속
하느님도 곱셈할 수 없는 짜릿한 한순간

모든 실체를 껴안고 있으면서도
드러나지 않는 미궁

성에이기도 하지만
모습 창연한 빛의 거짓

자의든 타의든 반경 안에 비치는
빛살무늬 눈동자

쪽배

바다가 하늘에 떨이한 가격만치 아무는 상처
수평선은 물안개에 포장된다

정녕
저 광활한 수평선에
쪽배가 없었다면
어떤 그 무엇으로
바다와 하늘과 세상이 교접할 수 있을까

복숭아

원숭이가 입을 벌리고 날아다닌다
커다란 손바닥으로 천궁을 두들긴다
천궁이 쑥대밭이다
눈이 올까
하늘이 흔들린다
복담스러운 홍조 띄우는 새악시 앞에
거구의 총각 무르팍 꿇고 손들고 있다
눈이 올까
꽃이 떨어진다
새파란 처녀치마 밑에 알을 슬었다
하늘은 무엇 땜에 그물을 쳤나
커다란 원숭이 한 마리
천궁에 누워 희멀건 핏줄을 드러낸다
하늘 가득 복숭아가 날아다닌다

섬

우주적 침묵이
세상을 덮고 있는

아뜩한 불빛같이
흐릿하게 깜박이는
등댓불

신비를 풀어내는
외딴
섬

가만히 밀쳐놓고 보니
물결 따라 흐르는 섬들

술병

햇볕 따사로운 돌담 밑
바람 숭숭 드나드는 곳에
엉겅퀴와
쑥갓 억새 민들레 쑥 패랭이꽃
그리고
하늘 향해 풍경이 된 술병
술주정하고 있다

쓰레기

쓰레기가 아름다운 것은
쓰레기끼리 모여
서로서로 보시하기 때문이다

어쩌다가 곁을 지나면
서로서로 몸 섞으며 비비고 있어
비비는 그 자태가 바로 자기인 걸
아담한 통에 버짐처럼 번지는 생활의 일부
별꽃이 되어 가슴에 떨어진다

쓰레기가 쓰레기다운 면모는
자기 몸을 보시하는 그 이상향에 있다
지상에서 가장 천한 몸으로 태어나
가장 아름다운 모습으로 사라지는 것은
자기를 모두 주었기 때문이다

경험

우리는 세월의 잔에다
경험을 부어 벌컥벌컥 마실 때
연륜이 쌓이게 된다

연륜은 마음먹기에 따라
자신도 모른 채
수척한 기억을 쌓아간다

떡잎은 애벌레가 야금야금 갉아 먹어
어느 날
나뭇잎으로 툭 떨어져 땅에 보시한다

자신을 몽땅 주어
애벌레에서
나비와 벌이 나와 세상을 자연이게 한다

등대

안개는
하얀 도화지에
경험으로 칠한 한 묶음의 부케

먼 섬 자락 벼랑 위에
홀로 깨어 있는 해송처럼
등댓불 묵묵한 바닷길 해금하고
삶의 부피가 해일처럼 일어선다

금 밖에서

탱자울 넘어서는 나팔꽃
하얗게 하얗게 자지러진다
깁스한 보행자처럼
이리저리 휘둘러본다
금방 짚은 두 발조차 모르게
금을 넘어서자
천방지축이다
한꺼번에 몰려가서 왁자지껄 소란스럽다
급기야 탱자울도 시퍼렇게 스캔 된다
오글오글 봄빛 맞으며

황산재 달밤

그리운 사람아
네 얼굴에는 항상 보름달 빛이 고여 있었지

그 환하게 웃기만 한
황산재 송림에 걸린 은파들

어떤 때는 슬픈 듯이
산골바람 몰려오고

나는 너에게 잘못도 없으면서
한없이 빌고 있었지

그처럼 부신 달이 어느덧
쪽빛 머문 채 새벽을 노크하며

이젠 달빛이 허옇게 내려앉는
황산재 청솔 그림자 늘어진 잔디밭에 주저앉아

부서진 그리움을
됫박으로 떠 마시고 있다

하늘 길

짙은 향수 머릿결에 뿌린 듯 곱다란 노을
포도 위로 무너져 내리고

쪽빛 드리운 서산마루턱에 등잔불 켠다

구름은
보랏빛 여울 위에
짝퉁으로 문질러버린 별난 인생인양
마구 두드리는 자판기

건물의 흔들리는 깃발도, 동백나무도
깜박깜박 잠들 듯이 소슬한 하늘 길
물고 오는 기러기 떼

가슴

그대 가슴이 되고 싶어
물안개처럼 살포시 묻어
세상을 한없이 바라보고 싶어
그대가 아파할 때
제일 먼저 젖고
그리움에 한숨지을 때
나 또한 그대 마음이고 싶어
늘 그대와 함께
시냇물처럼 그렇게 흘러가고 싶어
삶이 고단할 때
그대 기억 하나로
아름다운 꿈을 꾸며
별똥별이 되어 흘러가겠어

제3부 시골 풍경

산길-1

고개 흔들어
추억의 부피가 날로 커지며
시냇물 따라
흘러가는
길, 바람은 이파리에
앉아 먼 미래를 습관처럼 흔들며
내려오고

수목 적시는 사랑의 빛
점점 커진다

산길-2

오롯이 황산재 넘는다
시간을 두껍게 쓸다가 홀로인 채
해는 뜸부기처럼 논귀에 젖어들고
짐승의 발자취 끊어진지 오래

오롯이 황산재 넘는다
달빛에 어리어 산길을 간다
밤은 깊다
출렁거리는 은환 손목에 걸고
적막 밟으며 홀로 산길을 간다

흐늑흐늑 따라오는 여우같은 은파
나무들은 머리 풀고 길게 늘어섰고
미로 속 같은 험한 산길
벼랑 같은 어둠을 걷어내며
황산재 그 길을 홀로인 채
산길은 멀다

길 없는 산길은 언제 끝나리
어둠을 훑고 갈 아침은 언제 오려나
숲 속 나뭇가지에 걸린
등잔불 하나
없던 길이 환하게 반짝인다

빈자리

모두 떠난 빈자리
가로등 불빛만 해일처럼 밀려오는
승강장에 설은 가슴을 안고
차는 덜컹거리며 어둠 속으로 가고
먼 데서 홰치는 소리 풍경으로 남아 있고

초승달도 숨어 있는
시골 역에는 가로등도 깜박깜박 치매 들었고
갯바람에 삭혀지는 파도소리는 천수경을 읊고 있는데
차는 머뭇머뭇 선수를 까닥거리기만 한다
바닷물 빠진 소슬한 갯벌
자욱한 물안개 속에
자연스럽게 스쳐 가는 꿈속을
가르랑가르랑 막차가 지나가는데

돌을 깨며

징에 금이 간
허기진 생활들이 번쩍인다
언제나 단단한 아픔이 떨어지고
망치의 날카로운 힘에
맥없이 금이 가는
신생대 공룡화석의 시간

속살 드러낸 산마저 돌아누워
침묵한다
안으로 안으로 새기는 분노

쩡쩡 울리던 징소리 멎고
생명이 꿈틀거리던 자리에
부서지는 하늘
힘 좋은 채석꾼의 군살에 잡혀
부서진 생활들이 쌓이고
바람과 구름은 흘러간다

훗날 어느 정원 또는 거실에
정원수나 수석으로 앉혀
또 다른 꿈을
꾸게 될 수 있을까

하나둘씩 쪼개져 나가
하늘 받친 그 기상마저
산산이 부서져 간
추억 한 점
그릴 수 있을까

쩡쩡 울리는 소리에
놀란 까두기들
허연 가슴살 드러내고
지난 추억 가르치며
시냇물소리가 청정해야 하는
이치를 가르치며
서서히 사라져 갈 것이다

햇살이 눈부시게 쏟아져
하늘이 푸르게 빛나는 채석장 깬 돌에
홀로 키운 꿈마저 금이 가고 있다

가진 것 없어도

하나 가진 것 없어도
햇살 하나에도
꿈틀거리는 생명을 본다
잠시 일어서는 바람에
설렁설렁 흔드는 소리를 듣는다
기억 속에 남아 있는 오직 하나
가난했던 젊은 날의 꿈을
가만히 귀담아 흔들어보는
때도 있었고
공연히
트집 잡으며 투정마저 말아먹던
일조차 그리움으로 다가오는
오늘에야 비로소
따뜻한 마음으로 살아갈 일이지
가진 것 아무 없어도

어느 가을 오후

어제는 싸락눈 한없이 내렸고
포도를 빗질하던 햇살은 등 구부리고 가만히 하늘 바라보며
멀찍이서 흰 등 기댄 바람
낙엽을 만지작거리고 있다
포도 따라 보초병처럼
늘어선 벚나무는 한해의 옷을 벗고
맨몸으로 구부리고 있다
소슬한 가을 들녘이 아무리 적적해도
아랑곳없이 미련을 떨쳐버릴 구실을 찾고 있다
행여나 그리움마저 팽개칠까
망설여지는 이 가을에 골 깊은 주름살 하나둘씩 펴본다
그대의 살뜰한 마음 믿으며

너의 사랑

온전히 잠글 수 없는 마음
너의 사랑에 돋아나는
저 와글와글 여린 봄빛

하나하나에 찍힌
그리움의 부피는 점점 커지고
영혼을 엎지르고만 나는

황홀하여라
끌 수 없는 불씨
초록의 잎새마다 붙은 불
나목의 초록빛 영혼들

펄펄 끓는 불씨 하나
가슴에 품은 이브의 원죄
그 원죄 벌로 받아
세상 하나를 오롯이 지켰다

너로 하여
찍힌 화인
초록 잎새 태우고
얼음보다 더 차가운 나의 피
펄펄 끓게 한다

끝없는 그 길

너의 가슴을 찌르고 싶다
나의 밤은 언제나 깊었고
밤이슬에 뒤척이는 벌레들
하얗게 바래는 어둠조차
너의 가슴으로 오인했다
다소곳 앉아
멀어져 가는 별들을 부르듯
내 살갗으로 스쳐 가는
나 아닌 다른 무엇이 되어
그렇게 불러다오
모르는 너를 찾아서
최초로 가는 그 길을
끝없는 길을

너의 살갗을 찌르고 싶다
더욱 깊고 우아하게
이 한 몸 빠져 황홀하여라
보존을 위해 자신도 버리는
거미의 모성처럼
그렇게
너로 하여 나는
하나의 벌이나 나비가 되고파

못 견디게 그리운 날
통통 불은 소면 끊어지는 슬픔으로
너의 가슴에 하나의 꽃으로 피어나
향기를 말하지 마
네 곁에 흔들리며 서서
끝없는 그 길을
걷고 싶다

섬이 날 가두고

섬이 연등처럼 둥둥
내 가슴속에 섬 하나 뜬다

그 섬에 갇혀 나는
우두커니 뭍을 바라본다

이 세상 사람들의 가슴에
섬 하나씩 띄워 정겨운 파도소리 들려주고 싶다

사랑으로 우는 자갈들의 비비는 소리
섬과 파도가 부딪치는 고운 가락

갈매기의 비상하는 꿈을
모두의 가슴속에 심어주고 싶다

섬이 날 가두고
잠시 세상 보라 한다

봄비

내 이력을 동여맨 나뭇가지에
봄이 젖고 있소
하얗게 바랜 기억 속의 나를
동여매며 저무는 노을 보고 있소

노을빛 머문 자락
멀어져간 그리움을
연기처럼 피우는 길목에
나는 부옇게 바람을 부르며
산그늘에 면벽한
메아리가 가슴을 흔들어댄다오

너의 꿈을
봄비에 씻으며
한 장의 편지를 띄어보오
유리창에 어리는 너의 창백한 눈빛
빗방울처럼 흐르고 있소

꽃술 같은 기대로
나는 문전에서
너를 마중하기 위해
초록빛 물든 나목처럼 봄비를 맞고 있소

못

나는 박혀야 살아난다
박힘의 미학을 몸소 체득하고
아름다움을 뽐내게 되지

섣불리 뽑으려고 하면
서글픔만 나의 가슴에
못질 되어 상처로 되돌아오는
나의 일상

나는 박힌다.
그리하여 나는 박힌 자들의
의미를 비로소 깨닫게 되지

그러나
매일같이 빗나가는 나의
박힘의 하루

연륜

피었다 스러지듯
꽃들은 나에게로 와
불꽃처럼 타오른다

처음인 듯
봄은 들녘을 적시며
각피에 쌓인 연륜을
나이테에 새겨 넣는다

내 연륜은 얼마만큼 새겨진 것일까
새겨진 연륜만큼 세상에 펼쳐놓고 있는 것일까
하루가 멀다 하고 내 곁을 스쳐 가는
한 자락의 고뇌
피었다 지는 꽃들의 비애를 알기나 알까
하늘이 함박웃음으로 웃고 있다는 것을

시골 풍경

완행버스는 기억 너머로 사라졌다
누구도 손들지 않는 시골 간이역
한 귀퉁이에 벚나무 한 그루가 우두커니 서 있고
바람이 훑고 간 도로엔
찢긴 종이 뭉치 하나
누구의 사연을 구겨 버린 것일까
길 따라 점점이 사라져 가는
어둠이 내려앉는 시골 간이역
의자엔 먼저 간 사람들의 온기만 남아 있고
하나둘 켜지는 불빛
삶의 한 자락을 움켜쥐려는 듯
가끔 쿨럭이는 벌레 소리
불빛마저 침묵해야 한다는 것을
누구나 깨닫고 있다
아침에 먹은 보약마저 뱉어내고
한 개비 담배 속으로 빠져드는
설익은 몸짓에서 비로소
하루를 닫을 수 있다는 것을
낯설음도 본디 겪으며 잊는다
삶을 헹가래 치는
완행버스는 내일을 향해 달음박질치지만

언제나 빈 몸으로 끄덕거리고 있어
나는 불빛도 없는 간이역에서
수척한 풍경이 되어 서 있다

꿈

폭포수 쏟아지는
벼랑에 섰다

보였다가 스러져 가는
안개 속은 사이즈가 없다

늠실늠실
흰 물보라 나비처럼 날아오른다

벼랑은 나비 떼에 가려져
천지가 환하게 밝아온다

언뜻 스쳐 가는 생각의 끄트머리
내 몸에 앉았다가 날아가는 나비 한 마리

내 고향 고목나무

내 고향 덕치는 햇살이
저금 나가 아침이 게으르다

갯내를 동강 잘라 우묵 배미 들어섰고
허겁지겁 달려가던 먼지 나던 도로엔
검정 고무신 신은 차들만 편하게 오가고
걸쭉하게 풀어내던 육자배기 울 할배는
세상이 싫다고 저 건너 창골밭에 일찍 자리 깔고 누었고

감자 꽃이 손 가리고 웃고 있는
남새밭에는 낭만마저 빼앗겨 버린
달빛만이 놀려와 실어증환자처럼
허허 웃고 있다

내 고향 덕치는
햇살이 너무너무 게을러서
새댁이 손 가리고 하품하는 것조차 볼 수 없다

하늘이 하얗게 내려앉은
마을 아랫목에는 송사리 떼가
옹알옹알 회유하며 꿈을 안고 살았다

내 고향 덕치엔
어느 고승처럼 우뚝 솟아있는
서너 아름의 고목나무만
마을 한가운데서 철마다 잎을 피우며
지난 이야기들을 설렁설렁 흔들고 있다

그 바람 소리

고요히 흐르는 바람 소리
들으며 살아가고 싶다

그 바람 소리 귀 기울이고
날마다 새순으로 돋아나고 싶다

서럽도록 시린 정을 놓고
수양버들처럼 흔들리며
그 바람 소리에 눈물 띄어
흠뻑 젖어보고 싶다

어둠에 쫓겨 들판을 가로질러
시리도록 하얀 겨울 들녘에
소복소복 쌓인 눈 밟으며
정겨운 계단을 오르고 싶다

그 바람 소리에
이 시린 마음 데워서
도톨도톨 돋는 새순처럼
순백하게 살고 싶다

그 바람 소리 들으며
늘 깨어 있다가
끝내 흐트러지는 호흡을 가다듬고
나목처럼 살고 싶다

풍경 소리도 짐이 되는 세상에
책갈피에 그믐달 끼워놓고
그 바람 소리 귀 기울이며
별이 불꽃으로 타오르는 밤
하나가 되어 살고 싶다

적막 같은 어둠이 불을 밝히는
내 젖은 몸에 바람맞으며
눈을 뜨고 싶다

봄 숲 속에는

봄 숲 속에
향기 풀어놓고
맡는 것의 즐거움보다
느끼는 것의 향기로움보다
보고 듣지 못한 것의 감상을 위해
우리는 봄 숲 속으로 가야 한다

거역할 수 없는 이끌림
그 이끌림의 미학을 감상하려
가슴을 열어젖히고
바람 맞아 흔들리는 나무처럼
꽃향기에 취한 꿀벌처럼
반짝이는 생기에 이끌려서 날아야 한다

이슬 냄새에 젖은 풀잎
숲 속을 가득 채우고
그 위에 덧칠해진 시냇물 향기로운 소리
꿈틀대는 숲 속의 환각을 깨우려
나무들은 몸을 비우고 있다

제4부 삶

소나무

봄빛 오글오글한 들판에
어릴 적 아픔 품은 소나무가 서 있다
하늘이 말갛게 내려앉은 언덕에
푸성귀 한 짐 진 소년가
땀에 젖어 있다

하늘이 엷게 흔들리고
산새들이 가끔 꿈꾸고 간 솔밭 어귀에
저린 시야 밖으로
돌아가 눕는 바람만
빗살 고운 무늬로 어른거린다

되돌아서서 바라보니
꼬깃꼬깃 접어진 설움만 눈을 가리고
귀에 젖은 산새 소리
홀로 잠들지 못하는
그리움 앞에 나는
그 소나무처럼 서 있다

달맞이꽃

밤이 그리운 사내가
산새들 다 자는 동산에 올라
하얗게 부서지는 달을 보고 있다

올 수 없는 발걸음소리
기다려야 하는 숙명
이슬에 촉촉이 젖은 얼굴로
눈부시게 바라보는 보름달

밤새도록
피를 토하는 아픈 꽃숭어리
피어나기 위한 젖멍울
추억의 부피가 커지는 날 위해
밤에만 피어야 하는 그녀의 아픔
그 사내와의 묵은 약속이다

여름밤

어둠이 내려앉은 밤
초가 아랫목에는
싸리꽃이 별빛처럼 반짝이고 있다

하나둘씩 엮은 삶의 무게
처마 밑에 주렁주렁 달고
봄과 여름 가을이 머물다 가고
시린 바람도 훑고 간 세월에
늘어만 가는 주름살 고비마다
환하게 붉어지는 꽃숭어리

밝은 날 아침
나뭇가지 흔드는 바람 따라
나직이 속삭이는
세월의 무게만치
초가지붕 어스름에 부식하는 박꽃

햇볕이 톡톡 쏘는 양철지붕에
여름을 보쌈한 노을빛 따라
초록빛 하늘이 소풍 와서
자장가 불러주는 시린 저녁 어스름녘

아침 햇살

새벽이 끝나는 길목에
바람이 먼저 와 아침을
마중한다

겨울을 해제하는 봄바람
나뭇가지에 뜨는 해를 보고
눈 맑은 새들은 재재거린다

여리디 여린 햇살이
숲 속을 깡충깡충 뛰고
새떼들은 이슬 냄새에 현혹 된다

선방 앞 댓돌에
이웃처럼 놓인 신발 두 켤레
산사의 깊은 고뇌 홀로
다 지우고 좌불 중이다

바람의 무늬
제 안을 채우기 위해 내리는
이슬만큼 맑은 공기
살갗에 부딪히는 반응
그늘 속으로 스며드는
산사 적막 같은 아침 햇살

돌아서서 보면

햇빛 녹은 창가에 서서
항구에 정박하는 낡은 배 하나를
유리잔 속에 풀어놓는다

하루의 일상을 풀듯이
나직이 바람맞고 있는
한순간의 고요에 젖어본다

조금씩 아껴
들이킨 깊은 겨울 산 명상
침묵처럼 서 있는 저 소나무들
햇빛 소식하며 하루를 연다

떠난 그날을 되돌아보며
낡은 배는 젊음의 원심에
정박하고 회랑으로 돌아서
유곽 속의 자신을 보고 있다

너무나 멀리 떠나온 자신의
모습을 전리품처럼 펼쳐놓고서

제비가 오지 않는다

제비가 오지 않는다
초가가 없어진 탓일까
황사 입은 공기 탓인가
아직은 뜰에 나무가 있는데
햇볕에 붉게 익는 과일도 있는데

제비가 오지 않는다
잎사귀에 맑게 적셔줄
이슬방울이 구르고
아침마다 반가운 손님을 맞듯
까치는 우는데 기쁨 소식이 없다

밤낮 안으로 잠겨 있는 아파트
뜨락에 풀죽은 꽃들이 피어 있건만
묶어진 공간만 빈 채로 남아
제비는 오지 않는 것일까

내 고향

정금빛 감도는 엉바위 밑
정겨운 마을
덕치는
내 나이를 뭉툭 잘라먹은 고향

예전에 싱싱한 바다를 펴 얹고
시방 위태롭게 생동한다

햇볕에 등 덴 바다는 어디로 가고
낡은 배 한 척 그림처럼 있고
포말이 허옇게 말라붙어 있는 아래 포구에
비실거리는 개 한 마리 있다

짭조롬한 갯내가 머물었던 그곳
이제는 가난한 사람들의 농토로 변했고
갯벌에 그림처럼 펼쳐지던 생의 환호성
모두 저 하늘의 별이 되었다

그래도
나이를 잊은 듯 서 있는 500년 느티나무
기적의 세월이 한순간이란 듯
늙은 몸 흔들고 있다

내 열여섯의 꿈

언제부턴가
내 가슴속에 피어오르는
한줄기 장밋빛 꽃숭어리들
내 열여섯 꿈이 송두리째
뽑혀 나가던 그 여름날 저녁
축축이 젖은 손으로 솟구치던
불빛 같은 그 꽃 꺾어 들었지
이슬에 젖은 잎사귀처럼
하염없이 사라져가는
멀고도 가까운 염원도
꺾여 버린 수척한 기억들
어디서 내려오는
보랏빛 일몰인가
내 열여섯의 보랏빛 꿈은

기억의 시간

물빛 고운 시냇가
옛적의 꿈들이 송사리처럼
어른거리며 내 십오문반 신발이
터벅터벅 걸어온다

되돌아서서 바라보며
안쓰러운 시간만
나무 아래 하얀 달 거품으로 고여 있다

멀찍이 서서
감출 수 없는 미망의 시간
오랜 부끄러움 지우지 못해
백지 위에 흘러간 기억만 골라 어탁을 친다

우리는 왜 여기에 있는가

우리는 왜 여기에 있는가
내가 자리한 이곳이
바람처럼 흔들려도
우리는 한 그루의
나무를 심어야 하는가

세월이 깊게 팬
땅을 딛고 서서
움직일 수 없는 우주를 보며
얼어버린 몸으로
침묵의 텃밭을 일구어야 하는가

우리는 왜 여기에 있는가
갈바람조차 몸에 스치지 않는
황량한 사막의 질감을
내 몸 비워 지새울 날을 위해
나뭇가지에 부식된 파편이 낮달로 걸린 오후
낮은 울음을 울어야 하는가

기다림보다 더 긴
너와의 약속
그 바깥 풍경은 나만큼 촌스러워도
어둠은 까무러칠 듯
유곽을 접는 우리의 관계가
바스락거리는 낙엽으로 밟히고 말까

우리는 왜 여기에 있는가
온갖 소음이 고막을 무디게 하는
이 습한 현장에 우리의 몸을 꼿꼿이 세워야 하는가

늦은 밤 갯바위 풍경

갯바위에서 만나는 밤은
보석을 박은 유리컵이다
하룻낮 동안 거두들인 푸르름을 꺼내
햇살 즙을 짜서
갯내 주스를 만든다

안개 부딪치는 소리 소곤거리며
심줄에 반짝이는 야광충
온 바다가 등잔불 켜며
물결 따라 흔들리는 불빛
세상을 밝히는 원동력이다

갯바위 모서리를 감았다 놓는
늦은 밤 황홀한 야광충
먹물빛 바다를
유리잔에 따르는
불빛 환한 바다가 출렁거리는 소리다

삶

이른 아침 숲에 고개 꺾이어
돌아온 허드레 같은 삶 있다
함께 머물지 못하고 저만치 처져서
어느 장터에서 떠돌다 오는지
타는 노을이 아쉬워
달 가까운 먼 하늘까지
갔다가 돌아오는지
절름거리는 발걸음으로
남루만 한 손에 들고 오는 삶 있다
밤새
삶은 아물지 않을 상처 문지르며
내일을 저축한다
숲은
서린 달빛으로 수런거리고
이른 새벽에
삶은 그새
밝아오는 여명 따라 떠나고
약간 들썩거리는
어깨에 하루의 충만이
꼿꼿하게 서서

삶의 아름다움
비로소 느끼는 것을
고통 받은 자만이 부를 줄 아는
굽고 아름다운 노래가
삶을 흔들어 깨운다

이 가을에

코스모스의 눈물
올해의 가장 아름다운 일월로
나의 정원을 거닐고
우리들의 가슴에 맺힌 아픔
가장 연약한 언어를 찾지 못할 때
고독은 비처럼 젖는다
지난 세월에 쌓인 경험을 딛고
커다란 꽃을 보며
공연히 자연에 젖어 흥얼거리는
빈말 같은 중얼거림
목적 없는 발걸음을 유도하는 것처럼
닳아버린 정원의 한 귀퉁이에서
낙원의 꿈을 꾸며
정원을 일구어 가지만
코스모스는 자신의 몸을 흔들기만 한다
바람의 소리를 듣지 않으려고
그렇게 흔들고 섰다
소식 없이 꽃은 지고
또 그렇게 이 가을은 포도 따라 가지만
문득
무너질 듯 아려오는 통증

가만히 연금해 두고
이듬해 아름다운 꽃 피울
빛나는 눈빛을 발견한다

나팔꽃-1

살며시 살며시 걸음마 하는
넝쿨들이 사립문을 넘어
초가지붕으로 막 덮쳐온다
마지막 힘을 다해
온 몸뚱어리로
바람 들 틈도 없이
서로서로 으스러지도록 끌어안고
저 천 년에 사랑한 남녀의 미라처럼
너무나 큰 고통 뒤의 그 큰 입술로
초롱초롱한 웃음꽃 웅얼웅얼 피우기 위해
그리움 터트리기 위해
하나가 되기 위해
매일매일 젖은 내면을 태우고 있다

나팔꽃-2

아무도 고통 준 적 없는 자의
헐렁한 지갑 같은 꽃이여
그대 큰 입술에 흐르는
미지의 웃음처럼

가끔 우리는 어머니 손에 잡혀
그간의 여정을
솔직히 고백해야 한다

■ 나팔꽃 : 그 이름과 같이 나팔을 부는 모양이다. 따라서 그 꽃이 피기까지의 여정을 "2연"은 말하고 있다.

■ 어머니 : 대지

행복

저녁내
뒤채다가 길마저 잃어버린 꿈만 꾸다가
창가를 두드리는 빗방울 소리에 잠이 깨었다

구름 잔뜩 머금고 솟는 아침
어디서 한 마리 새 날아와
나를 창가로 부른다
사랑보다 그리움 먼저 배워
나보다 더 자연스러운 새는
자연으로 돌아가라고
삭막한 도시를 떠나
힘차게 비상하라고
나를 보면 독촉의 손가락질 한다

아침을 일으키는
포말 지는 빗줄기도
내 가슴속에서 빗금을 그으며
흥얼거리는 말

진정 아름다운 인생이란
쓸어안는 겸손을 고스란히
남기며 견뎌내는 인내라고

빈말이라도 하고 싶었다
함께 하는 인생이란 힘들어도
서로의 아픔을 쓰다듬는 것
서로를 적셔주는 행복이라고

코스모스는 지고

곡이 울린다, 곡이 울린다
잔잔히 흐르는 통곡 속에
잠든 영혼 길을 떠난다
코스모스가 배웅하듯
길가에 흔들거리며 섰다

죽음은 언제나 슬픈 것
그 슬픔 속에 삶은 꿈틀거린다

회상의 뒤끝으로
되돌아보며 되돌아보며 연신 부딪치는
물결 같은 그리움이 있다
송두리째 희망도 절망도
불태우지 못한 육신

머리 박고 쓰러진 코스모스
그 길에 가만히 엎드린 채 떠난 육신의
세월을 얇게 쓸고 있다

까마득한 하늘에
혼자서 흔들거리며 섰는 그 목이 긴 슬픔처럼
나의 가슴이 파랗게 부서지는 날
코스모스는 남은 자의 슬픔처럼 지리라

제5부 돌에 물을 주면

가래를 뱉고

뒤범벅으로 훑고 지나간 발자국
는개 내린 포도에 웅덩이처럼 찍혀 있다
가만히 노려보는 눈짓에서
세상의 퇴물처럼 흥건히 자리 잡은 진실의 이치
바람처럼 잔주름 펴며 살다 갈 것이냐
더러는 펴지 못할 진실을 머금은 채로

지나간 그 세월은 늘 아쉬운 것
길가 웅덩이에
마음을 앉혀보기도 하다가
안쪽에 고인 앙금을
가만히 털어내어 보다가

오늘은
누가 밀밭 길 그 보송보송한 눈길을 걸으며
가슴속에 고인
마른기침을 뱉으며
깁스한 마음을 풀어낼 것인가

지워진 시간

속된 마음 비우고
홀로 가고 있으면

한마음
품지 않으려고
미련 없이 가고 있으면

사랑이
헛되지 않음을 믿고
정처 없이 가고 있으면

지워진 시간이
한 시대의 회상처럼 떠오르는
말머리 돌려서 가고 있으면

꽃 피웠던 시절이
미련처럼 남아
낡은 사진첩에 쓰러져 있듯

반짝이는 햇볕에 가을이 오듯
달콤한 과일 향의 계절
상처는 깊고 깊어라

고향 생각

뜨락의 창문을 연다
담을수록 홅어지고 마는 시간
지나쳐 온 고향 생각에
느슨한 볼트를 조인다

산록에 무리지어 조용히 핀
연분홍빛 꽃 너울
허리 휜 허기 한 다발 지고
황산재 넘던 한나절

공연히
허리 굽혀 향긋한 풀 냄새에 취해
허허허 너털웃음에 스치는
고픈 자의 비애
구구구 멧비둘기 소리

산 벚꽃 진 산자락에
온갖 그리움 묻어두고
소태같이 쓴 입술에
꽃잎을 씹는다

쑥 향기-1

쌉싸래한 들판에 처음 알리는 봄소식
쑥 향기에서 비로소 봄은 손을 놓는다

책갈피에 보름달 끼어놓고 바람과 어깨동무한 쑥
지난겨울이 초록빛 넋으로 환원한 것

비바람 휘몰아치던 적막 뒤켠에
자신의 비루한 몸 연금해 두고
키워온 미련 한 마디 토해내는 것

산자락에 아지랑이로 묻어둔 이슬의 무늬
세상을 향해서 고소름한 구애의 손길
묵은 봄비에 실려 온다

쑥 향기-2

쑥 향기 고요한 시골 길
흙 풀리는 내음새
코끝에 강물처럼 흐르고
가랑잎 진 산사에 젖어든 산새 소리

진종일
호숫가에서 서성거리다
나그네 눈짓에 가슴은 따뜻해지리라

삭막한 도시의 궁핍함
멀찍이서 바라보는 눅눅한 고향
누구와 찻잔 부딪치며 꿈을 이야기하랴
가닥가닥 끊어지는
현실의 고단함에 서글픔만 인다

간간이 뻐꾸기 우는 산기슭에는
조용히 굽혀보시는 할아버지 계시고
설레는 바람이 가랑잎을 휩쓸어간다

쾌락을 찾아 떠도는 사람들이여
가끔 현실의 벽을 넘어
청솔 우거진 마을
집집마다 밥 끓는 내음새 더불어
흙 풀리며 나는 쑥 향기에

나의 소원

내가 비는 소원은
더는 묵묵한 웃음뿐이다

조용히 눈을 감고
믿을 수 없을 만치의

처음 시작한 그 마음으로만
속속들이 채워져 환하게 빛나는 그 이름으로만
넘치는 사랑으로

조용히
사색의 머리말에서
이제까지 넘보지 못한
자랑스러운 사랑을

너를 위하여
나의 축원을
귀중한 무엇이나 너에게 주며
이미 준 그것
소중하게 거두고
가만히 음미하리라

눈 내리는
하얀 들녘에서
그리운 너를 생각하는 마음으로

가만히
들어보는 너의 소원
모든 것에 덧붙이는 이름으로

자전거는 미륵불

아침 산책길에 멀찍이 용문이 있다 하여
용문으로 휘돌아 가는 길에 바람 끌고
입 벌린 용문으로 가는데
벌써 자전거만 아침 길
힘겨운 힘으로 비틀대고 있다
그리고 또 다른 길이 환하게 열리며
아침 길을 맞이하는데
아무도 없는 용문 속으로
말없이 걸어 들어가는 사람이 있다

자그마한 힘으로 가을을 쓸어 넣는
힘이 눈부시게 반짝인다
내 근처 있던 용문은 어느새
말끔히 개고 허물어져 가는 세상만
가만히 서 있다
새로운 세상이
모서리처럼
자전거 타고 갈 미륵불의 환생을
홀로 기다리고 있다 용문은

이슬 젖은 잎사귀에
세상을 환하게 열어줄
부득불 미륵불로
보이지 않는 저 세상을 끌어줄
미륵불의 환생을 기다리고 있는 것이다
자전거는 세상을 환하게 열어줄 미륵불인 셈이다

손을 놓고

생각 한 톨 호주머니에 찔러 넣고
가만히 생각에 젖어봅니다
자꾸만 헝클리기만 합니다

가다마다 되돌아오고픈 생각만
멀찍이서 손짓하고 있습니다
사실은 아무것도 없는데 말입니다
그냥 손을 놓고 있지요

부처님 오시는 날

주렁주렁 달린
저 등불에는 많은 사람의 염원이
과일처럼 익어 있다
붉게 달아오르는 둥근 얼굴들
단맛 품고 긍지로 가득한 표정으로 웃고 있다가
누군가의 맑은 웃음에 저 다디단 사랑이
기원과 염원으로 달구어지듯
온전히 익는 것은 아무것도 없어도
저 맑은 웃음 속에 영그는 좋은 날
가을 향기만 사랑으로 감싸게 되고
스스로 노동도 없이 마냥 기다리는 인내가 달지만은 않고
몹시 추운 겨울날 부뚜막에 웅크린 허기처럼
손 한번 대어보지 못한
한여름 밤을 자지러지게 운 서럽던 벌레
순하디 순한 꽃술 파고든 맑은 날의 달빛
지붕의 이엉 녹이고 푸르스름한 가로등
걸핏하면 희롱했던 바람
마음 상한 뒤에 더욱 붐비던 후회의 말
통통 부어오른 기원
저 혼자서 스스로 키워온 걸쭉한 의지
누구나 초파일이면 더러 마음의 심지에 불 밝히고

사립문 나서는 하늘과 땅 산과 먼 들녘 그윽하게
기원할 줄 아는 마음 공연히 숙연해져서
무슨 까닭인지
저 둥근 등불의 염원 헤아려
지나갔거나 다가올 인연에
부디 옷깃 여며야 할 것이다
초파일 가로수에 매달린 초롱처럼
염원을 등불 켠 사람들의 가슴속에 부처는 오시려나

때를 기다린다

바람이 홰를 친다
문짝이 덜커덩거린다
문짝은 바람의 의사에 반하기도 한다
자신의 힘이 겨웁다는 것을
바람의 반한 의사에
온 힘을 부딪쳐야 하기에
스스로 힘을 낼 수 있는 그날을 위하여
자연스럽게 덜컹거리고 있다
내일의 힘을
온몸으로 부대낄
때를 기다리는 사람들처럼
문짝도 안으로 안으로 서서히 힘을 키운다
그리하여
업신여긴 바람마저
자신이 안아주기 위해
문짝은 스스로 열리는 그날을
가만히 기다리고 있는 것이다
하늘에는 별빛이
초롱초롱하다
조용히 지켜보는 눈빛이
유난히 밝은 날

문짝은 자신을 열어놓고
세상의 온갖 모순 껴안을
꿈을 꾸게 되리라
아무리 척박한
이 세상에 보잘것없는
미력의 힘으로
아름답게 밝힐
자신의 사랑을
한껏 뿜어낼 그날을 기다리고 있는 것이다
하얗게 빛날 그날에
문짝은 자신을 열어두고
세차게 후려친 바람마저
안으로
안으로 껴안으며
가만히 타이르게 되리라
세상은 가장 아름다웠다고

앙코르의 눈물

비가 온다
저 앙코르 천 년의 눈물처럼
추적추적
한숨 섞인 기쁨이런가
가만히 짚어보는
때늦은 후회
입 떠난 소문처럼
떠들며 소요
한바탕 소란 피우고 떠난 뒤
고요하다
퍼렇게 흔들거리는
케이폭나무 가지가 하얗다
웃음소리
멀고 깊은 한숨 소리

비가 온다
웃음소리
훨씬 지나
때 묻어 빛나는
천 년의 문양처럼
거듭 눈길 묶어 팽개치는
하얗게 질린 얼굴들이

뒤란에 꽃을 피우듯
깊고 맑은 웃음소리
세월을 엮고 시린 통곡 버물어
오늘에 빛나다

선사시대 문양

케이폭나무 잎사귀에 천 년의 눈물이 떨어진다
해가 서산을 기울 때까지 허기진 몸으로
다시는 돌아오지 않을 강물 따라
하염없이 흘러간다

물 말아 찬밥 한술 뜨고
깎고 또 다듬어도 돌아오지 않을
영혼을 탑에 새긴다

눈물을 밥으로 삼고
아무도 없는 캄캄한 세월
오직 하나를 위해 목숨 바쳤다
캄캄한 벼랑 같은 심정 되어
역사를 새겼다

돌에 물을 주면

돌에 물을 뿌리면
돌이 눈을 번쩍 뜬다

나는 정성스레 물을 주고 있다
그러면 돌의 정령이 내 가슴속에 들어와 깔깔 웃기도 한다
나는 하나의 돌이 된다
어느 풀섶에 숨어 사는 벌레처럼
가슴만 내밀고 하늘 보며
흘러간 세월 셈하고 있다

오늘도 나는 돌에 물을 준다
티눈 같은 웃음들이 왁자지껄하다
돌이 웃고 있다
섬섬히 뿌리는 조리에 햇살이 아름답게 부서진다

가을볕이 타고 있다

바람이 가지 끝에
앉아 가을볕을 즐긴다
종알종알 맺힌 이슬방울 하얗게 내리는 아침
푸른빛 깨치며 산록이 익고 있다
후드득 터는 산비둘기 울음
운무 속으로 사라져 간다
초롱초롱 빛나는
가지 끝의 바람
산록 터는 시냇물소리
벌레 먹은 잎사귀 가만히 짚어보며
어제는 아팠지만
오늘은 아름답게 익어간다고
그렇게 산사에 뚝뚝 떨어지는 산안개
가끔 산산이 흩어지는
바람 따라 계곡으로 흘러가고
나뭇잎에 물방울 맺힐 때마다 제 몸 풀어
산비탈 아름답게 물들이는
알알이 젖은 삶의 알갱이들

가지 끝
가을볕에 익어가는 열매
감싸 안으며 산안개는
부빈다는 무게로
짐 지우는 나뭇가지 끝 그늘
그늘이 나무에 짐 지우지 않듯이
아내의 감싸않은 포근함처럼
산안개 속에 가을볕이 타고 있다

유방봉

하늘 한가운데 누구도 모를
정다운 별 둘
셋의 생명 아름답게 피워내고
그 위에 홍시처럼 달콤한
내일을 열어두고 있다

어둠은 여울처럼 흘러
두 개의 혼절한 산에
아침 햇살 고요히 비추고
방울 소리 매달고 오는 손님
저 희망봉에 천 년을 기약한다

뭇 손길 누르고 오직 하나
천 년을 갈구한 바람 재우며
내 품에 고요히 젖어든 사랑
비로소 꽃처럼 향기를 뿜는다

월명노인 노랫가락에
떨기꽃 부용 같이 떠는
유방봉의 해를
나는 오늘도 훔치고 있다

※ 유방봉 : 경남 통영시 용남면에 소재한 산

사랑박이 동산

학창시절 청솔가지 하늘거리는
어느 날 저녁이었지
층층한 어스름이 깔린 묘등
죽은 자의 영혼을 거슬리며
너의 마음을 붙잡기 위해
나는 예매해둔 사랑을 해제했지
하늘에는 까무잡잡한 별들이
하염없이 너를 바라보고 있었지
은파는 팔찌처럼 나뭇가지에 걸려 있고
개똥벌레는 우리가 신기한 듯 날았지
사위는 은박지를 깐 듯 부시고
간혹 보름달이 뒷간에 가면
나무 밑에는
나의 손끝에 잡힌
너의 순수를
나는 자랑스럽게 흔들고 있었지
그러다가
보름달이 산마루턱에 앉아 쉴 때면
우리는 멀찍이서
방목된 언어 속으로 빠져들었지

사랑은 자빠진 그리움이 아니라
꼿꼿하게 일어서서
정당하게 갈구하는
하나의 의미 밖 그 무엇이지
세월의 무수한 녹슨 파편 털어보면
내 가슴에 남은 것은 그 사랑박이 동산뿐이었지

장바닥 노랫가락

마른 정 훌훌 털어버리고
서로서로 바꾸어가며 살자구나
내 것이며 어떻고 네 것이며 또한 어떠랴
손 마주 잡고 설렁설렁 어울려서 바람같이 살자구나

푸른 산빛 깨치는 바람 소리
우리의 삶 한 자락
늠실늠실 일렁이는 세파 속
더듬어 가는 심해 같은 마음으로
내핍의 사구 선인장 같은 인내로
덩실덩실 춤추며 살자구나

맹물 같은 하루는 비워버리고
아슬한 정점 어딘가로 끌려가는
태초의 정적 속에 빛살 터지는
몇 십 굽이 그 끝에서 피어나는
그러한 맑은 아침을 꿈꾸며
늠실늠실 흔들며 살자구나

꿈 스쳐 간 가슴속
허드렛물 같은 어스름이 적셔도
스스로 몸 낮추고 샘물에 목축이며
잃지 않은 균형으로 살갗 부비며 살자구나

한 발자국만 들어서면
나의 마음 언저리
피안에 잇닿아 늠실거리는 바닷물처럼
마른 정 축축이 적셔
첨벙첨벙 살자구나

달빛

너의 그리움에 젖었던 황산재
추억의 부피가 더욱 커지는 달빛
나뭇가지에 등불처럼 걸렸다

어둠이 잠시 한 눈 파는 사이
바람이 무지갯빛 붉은 여울 띄우고
하늘과 산마루턱 거슬러
하나의 의미 짙은 걸음걸이에

밤마다 그리움의 옷깃을
이제는 더 알 것도 없는 아늑한 기슭에
홀로인 삶의 저음 스스로 찾아 나서는
은빛 짙은 너의 모습

너의 기억을 촘촘히 스캔한 마음
모든 것 침묵케 하는 하나의 의미 밖
나직이 울부짖는 어둠 속으로
걸어 들어가는 별빛 속
너를 떠나보내고
그렇게 강물은 천수경 읊으며
되살아 오르는 게 아닐까

재 너머엔
은환만 청솔에 거품처럼 맺혀 있고
또 하나가 눈짓하고 있는
짙은 어둠의 그림자가
깊고 넓게 솔밭을 적시는
황산재에 솜같이 푹신한 달빛만
나를 반긴다

남새밭

유리잔 속의 남새밭
치맛자락 훈훈한 봄바람
싸리울 말갛게 흔들어
봄을 수작한다

봄빛 어울려져
고구마 무 상추
도톰도톰 일어서고
잔나비 펄펄 나는
유리잔 같은 그 남새밭

하나의 묵시록
차근차근 개개는 묵은 봄
원숙한 발효
이슬 향기며 바람의 무늬

그것은
지난 시간이
돌과 같이 굳어져 있는
하나로 얽어진 심연의 밑바닥
삶의 여울로 다가오는 비망록

그 짙푸른 봄과 여름이 가고
하얗게 서리 내린
남새밭에 쌉싸래한 아침 햇살 내려앉아
두툼한 두둑 헤비면
금방 캔 정성이 유리잔에
푸르스름한 액즙으로 남아
환한 얼굴로 자신을 바라보고 있다

5월이 오면

저기, 저기 좀 봐
미소 띤 봄이 걸어오네

저기, 저기 좀 봐!
저런 봄이 걸어오네

산에도 들에도
아가처럼 짜박짜박

봄이 걸어오네
곱게 단장한 몸으로

말갛게 씻은 해맑은 얼굴에
미소처럼 어리는 아지랑이
메아리로 지쳐오는 뻐꾸기 소리

들녘이 들썩거리네
이곳저곳에도 사랑의 노랫가락
발갛게 상기된 얼굴들

저기, 저기 좀 봐
미소 띤 봄이 걸어오네

후기(後記)

성호 이익의 "관물편"에

지렁이를 두고 사람들은 수미(首尾)도 없고 배도 등도 없다고들 말하지만, 찬찬히 살펴보면 실제로는 수미와 복배(腹背)가 있어 해를 피하고 이(利)에 나아가며, 정욕을 모두 갖추고 있다. 옹(翁)은 말한다. 물건의 어리석고 굼뜬 것도 오히려 이와 같으니, 하물며 사람과 같이 칠규(七竅)와 오장(五臟)을 하나도 빠짐없이 갖추고 있는 것에 있어서이겠는가? 말을 듣고 빛깔을 보아 지각함이 어둡지 않은데도, 사람 가운데는 간혹 방향을 잃어 길을 잃는 자가 있으니 슬프다. 라고 했다.

하물며 지렁이도 이와 같은데 내가 지금까지 쓴 글들이 쭉정이같이 부질없는 글이 아닐까 두렵다.

씀은 늘 새로워져야 한다. 한데 내 글은 그렇지 못함이 늘 아쉽다. 글은 누구나 쓰는 것을 써서는 아니 된다. 나는 매번 그런 글만 쓰고 있다. 누구나 쓰는 글은 글이 아니다. 글도 아닌 글을 쓰고 있는 나 자신이 부끄럽기가 그지없지만 그래도 어쩌랴. 쓰지 않으면 배길 재주가 없으니 죽은 글이지만 조금 조금씩 살려내기 위해 이렇게 쓰고 있는 것이 아닌가.

그 글속에 작으나마 희망이 있고 또한 꿈이 있을진대

어찌 쓰지 않겠는가마는 그래도 누구나 쓰는 그런 글은 쓰지 않는 것이 옳다. 계절이 나무에 옷을 하나둘씩 입혀 가듯 내 글에도 상상력의 옷을 입혀야 하겠다. 봄이면 새싹을 틔우고 여름이면 이파리가 무성해지듯 내 글에도 이런 다양한 상상력의 옷을 입혀나가야 한다.

세월은 나무에 무수한 딱정을 앉혀 비로소 하나의 큰 나무로 자라게 하듯, 내 글에도 무수한 여백과 여운이 시설처럼 앉아 있는 글, 컬컬한 막걸리 맛 같은, 곶감같이 달콤하고 향기로운 글을 써야한다.

인생은 흘러가는 강물 같은 것, 그 속에 농익은 세월의 경험들이 우글우글 스며들어 발효된 농주 같은 글을 써야 한다. 마시면 취하는 그런 글, 농주같이 향기로운 술을 빚어야 한다. 술처럼 취할 수 있는 글, 그런 글을 써야 한다.

꽃의 향기는 보성(保城)보다 짙은 것이 없는데도, 사람들은 특이하게 여기지 않는 이가 많다. --중략--- 네가 향기를 지녔더라도 이제 내가 감상하게 됨이 또한 다행일 것이다. --중략-- 네가 끊임없이 향기를 내겠지만, 빈 들판 밖에 날려 흩어져 아무도 알아주는 이가 없을 테니 애석하구나. 이 글 또한 성호의 "관물편"에 있다.

이 세상에는 저 꽃처럼 귀인의 정원에서 사랑을 듬뿍 받고 자라는 꽃이 있는가 하면 산속 깊은 곳에서 홀로 피었다 지는 꽃도 있다. 사람도, 글도 이와 같다.

보름달이 향기로운 것은 취했기 때문이다. 내 손으로 잡지 않으면 그것은 내 것이 아니다. 취했기에 보름달이 향기로운 것, 잡지 않았기에 내 것이 아닌 듯 취하여 내 것으로 만들어야 한다. 보름달이 향기로운 것처럼 내 글 또한 잔잔한 감동이 시설처럼 앉아 있어야 하겠다.

꽃이 나비와 벌을 부르듯 여백과 여운이 감도는 글 곁에는 수많은 사람이 모여들기 마련이다.

물안개 비구름에 씻겨 산봉우리만 홀로 서 있듯이 내 글이 저 산봉우리처럼 우뚝해지는 그날까지 살아 있는 글을 써야 한다. 향기 풍기는 여백과 여운이 폭포수처럼 쏟아지는 그런 글을, 누구나 쓰는 글이 아닌 글을 써야 하는데, 왜 자꾸 내 가슴은 쪼그려 들기만 하는가.

우리에게 널리 회자된 연암 박지원의 '공작관문고자서'에 이명과 코골이 글이 있다.

어린아이가 마당에서 놀고 있는데, 갑자기 귀가 우는지라 놀라 기뻐하며 가만히 옆의 아이에게 말하였다. 애! "너 이 소리 들어보아라. 내 귀가 우는구나. 피리를 부는 듯, 생황을 부는 듯, 마치 별처럼 동그랗게 들려" 옆의 아이 아무리 들어보아도 들리지 않는다고 말하자. 그 아이는 답답해 소리 지르며 남이 알아주지 않음을 한탄하였다.

일찍이 시골 사람과 함께 자는데, 코를 드르렁드르렁 고는 것이 게우는 소리 같기도 하고, 휘파람 소리 같기도 하고, 탄식하거나 한숨 쉬는 소리 같기도 하며, --중략--. 남이 흔들어 깨우자, 발끈 성을 내면서 말하기를 "내가 언제 코를 골았는가?" 하는 것이다.

이명은 자기만 알고 남은 모르는, 코골기는 남들은 다

아는데 정작 자기는 모르는, 한마디로 이명은 병인데도 남이 알아주지 않는다고 성화요, 코골이는 병이 아닌데도 남이 먼저 안 것의 발끈함이다. 둘 다 병통이다.

내 글이 이처럼 이명과 코골이처럼 집착과 아집에 빠진 것이 아닐까 두렵기까지 하다. 새롭지 못한 일상의 썩어 문드러지는 허드레 같은 글에 파묻혀 있다면 이것 또한 병통이다. 저처럼 병통의 글을 써놓고 남보라 하는 것도 죄다.

산 그림자 내린 누각에 보슬비 내려 한낮 깊은 뜨락에 나서보니 내 옷 위로 스멀스멀 오르려고 하는 저 푸른빛이 고와 글을 쓰건만 시마(詩魔)가 얼 피칭 얼굴 돌리고 만다. 무당처럼 신이 들어 중얼거리듯 나에게도 시마가 들어야 하는데 맨날 맨송맨송한 글만 써서 안타깝다.

내가 물경(物境) 가운데 녹아들어 사물과 더불어 하나가 되고, 마침내 나를 잃어버렸을 때 비로소 내 글을 쓸 수가 있다. 이 또한 바람일 뿐이니 슬프구나.

여기에 쓴 글들 모두 하나둘씩 헤쳐 놓고 보면 보일 것도 같다가 보이지 않는 사물 즉 허상 그 자체다. 그 지각의 실체를 찾아 끊임없이 횟돌아 왔건만 내 눈에 펼쳐지는 것은 희미한 그림자에 불과하다.

그 희미한 그림자가 내가 그렇게 찾고자 했던 바로 그것이었던가? 그래서 진종일 글을 찾아 책상머리에 앉아 있었지만, 글은 오지도 않고 마음만 고무신 끌고 산머리까지 갔다가 돌아올 때 우연히 꽃향기에 취하니 글은 먼

저 와 내 묵은 책 속에 있었다. 이 어이 애달픈 일이 아닌가.

묵은 책갈피 한 장 두 장 넘겨보며 행간에 띄운 글들이 고스란히 남아 등불을 밝힌다. 햇빛은 진종일 창가에 반짝이고, 창 너머 바람 스며든 대숲은 여리게 사각거리며 내 책상 우에는 한 점 그림자와 더불어 삐뚤삐뚤한 글자들만 기어간다.

이 글자들을 하나둘씩 어렵사리 반죽하여 젊은 날 꼭꼭 묻어두었던 언어들과 비벼 보았지만 별 재미가 없다.

다만, 이 글들이 나를 욕되게 하는 글이 아니기를 바랄 뿐이다. 이 또한 내 욕심인지 모르겠다.

저자 제 왕 국 씀

가진 것 없어도

인쇄 2012년 4월 6일
발행 2012년 4월 15일

지은이 / 제 왕 국
펴낸이 / 김 창 석
펴낸곳 / 홍익출판사

주소 / 대구시 중구 삼덕3가 245-2
전화 / 053) 421-6700, 427-3627
팩스 / 053) 423-5965
등록번호 / 1987년 11월 26일 제1-107호
E-mail / hongick88@hanmail.net

정가 10,000원

ISBN 978-89-7826-236-1 03800